AF585827

CHOSES PRO-
digieuſes & admirables aduenues en la ville de Ferrare, Deſquelles, lettres ont eſté enuoyees par l'Ambaſſadeur de Monſeigneur le Prince de Piedmont en Sauoye deuers ſon excellence.

Imprimé nouuellement ſur la coppie Imprimee à Lyon par Iean Saugrin, M. D. LXXI.

LETTRES ENVOYEES par Lambaſſadeur de Monſeigneur le Prince de Piedmont deuers ſon excellence.

MOnſieur Ieudi dernier ſezieſme iour de Nouembre, la nuict venant au Vendredi entre dix & vnze, ſuruint a l'improuiſte vng treſgrand mouuement de terre qui en peu de temps eſmeut & esbranla ſi fort la ville que tous les baſtiments s'en ſentirent, & aucuns en cheurent, & dés ceſte heure iuſques au veſpre du Vendredi dõna iuſques a vingt ſecouſſes, mais plus doucement.

Despuis enuiron la premiere heure de nuict suruint vng aultre mouuemēt en terre, auecques vng horrible bruit beaucoup plus vehemēt que les autres, qui sousleua la terre en auant & en arriere, en maniere que les hommes en tomboyent dās les maisons: moy & ma femme nous estions mis vn peu auant a la fenestre pour voir porter en terre le corps d'vn Gentil-homme nostre voisin, mais sur le conuoy en vn instant aduint des terribles secousses surpassant tout accident naturel & hors de l'humeur de memoire. Les murailles dés maisons & de tous costez autour de nous cheurēt, & y eust si grande fumee que moy & ma femme & mes enfans nous fusmes tout vn temps enterrés & ensevelis

seuelis

seuelis en la poussiere, mais Dieu par sa saincte grace nous sauua. Desia le chasteau de son excellence le dome de la ville, le clochier, toutes les principales Eglises & plus grãdes forteresses estoyent en partie cheutes, en partie toutes esbrãlees de leurs fondemens, dont il y eust grand peuple enseueli & perdu de ceste ruyne, moy & toute ma famille nous enfouismes au milieu d'vn petit iardin de ma maisõ pour passer sous la couuerture du Ciel, & pour euiter vn si horrible tremblement. Ceste nuict son excellence Duchesse & tous ceux de sa maison sortirent aussi & ce camperent au iardin du chasteau. Entre deux & trois heures de nuict suruint vn autre si horrible & espouuantable

mou-

mouuement qui dura si long temps que nulle partie de la ville n'y nulle maison pour forte quelle fuit ne ce peut sauuer, il mourut en ceste generalle ruyne grand nōbre de gens en la ville & aussi au chatteau, & plus grand nombre que nous ne puissions encores scauoir, parce qu'il y en a encore beaucoup adire & ne scaint-on qu'ils sont deuenus. Iestois comme ie viens de dire a vostre autesse, au milieu du iardin quant ceste ruyne surueint, & veis cheoir pres de moy vng quartier de l'Eglise de Nado, & partie des murailles qui entournoyent le iardin, nous nous sauuames miraculeusement en vng petit rond au milieu de ces ruynes, mais tous estourdis & ensceuelis de poussiere,

vne

vne damoyselle de ma femme demeura enuiron vng cart d'heure esuanouye d'estonnement, toutesfois en fin elle ce reuint, & tournãt nos prieres a Dieu passames toute la nuict en ceste façon. Le samedy à la poincte du iour, i'enuoyay deuers le Seigneur Ausseau pour entendre quel party auoit prins son excellence, & ayant esté aduerty qu'elle s'estoit eslongnee dans les iardins soubs des tentes: ie m'en viens comme ie peu auec ma famme & ma famille au iardin du Seigneur dond Francisque, ou i'ay faict tendre vng pauillon pres de celuy de son excellẽce, le malheur va tousiours en continuant, & discourent les Philosophes de son excellence, qu'il est pour ne finir de

qua-

quarante iour, & qu'il a affaire vng plus grand desordre auant que les vapeurs qui sont encloses dedans les profons des cauernes de la terre soyent du tout esallees & euaporees. Ceux qui ce sont sauuez ont esté contrains ce retirer parmy les iardins, les estrangers s'en vont a cause des viures, & singulierement du pain, pour la ruyne des fours, bien que son excellence pouruoye de toute sa force: elle se communiqua hier, ie l'alay veoir auecques le Seigneur dond Francesco, a la verité ie la trouuay bien affligee & tous les Seigneurs Gentils hommes de sa court si estonnez & ses damoiselles si espouuantees que c'estoit chose pitoyable a veoir. Ie aduertis son excellẽce que ie voulois

lois rendre compte a ceſt incident a voſtre auteſse s'il luy plaiſoit me commander quelque choſe. Elle me feiſt reſponſe qu'elle trouuoit bon que ie vous en donnaſse aduis particulierement, & que ie vous fiſse ſes recommandations & a madame, Et vous aduertiſse qu'elle auoit eſté aduertie par lettres que luy auoit mandé madame la Ducheſse de Manthoue qu'il eſtoit aduenu pareils mouuemens de terre en Manthoue, mais non ſi vehemēt n'y auec tel effect, & eſt auſsi aduerti qu'il aduint aux terres qu'il a en Romaigne, A ceſte heure voſtre hauteſse eſtant inſtruitte en quel terme ſont les choſes, & meſmement que combien que le mouuement de terre ceſsera, il ce void

que de long temps on ne pourra lo-
ger n'y habituer en ceste ville, d'au-
tant que s'il reste quelque maison
en pied, elles sont si fraquassees &
estonnees que par le moindre ef-
fort de vent elles tomberoyent en
terre, & que par la cheute des chã-
bres de la maison qui allerent a bas
bien tost apres que l'on fust deslo-
gé, la prouision des viures que ia-
uois faicte pour toute l'annee estãt
enterrez, ensemble la plus part de
mes meubles grains vins & autres
prouisions. Qu'il luy plaise de sa
grace ordonner ce que i'ay affaire,
& auoir esgard a l'estat auquel ie
suis suppliant vostre Maiesté de
mauoir en ce cas pour recomman-
dee, Sur ce ie feray fin luy baisant
treshumblement les mains, & priãt
Dieu

Dieu qu'il la conserue tresheu-
reuse, De Ferrare la desolee
Lundy vingtiesme iour de Nouembre, Mil cinq cens soixante dix,
au iardin du Seigneur don
Francisco, qui luy baise
aussi les mains.

F I N.

www.ingramcontent.com/pod-product-compliance
Lightning Source LLC
LaVergne TN
LVHW012022170826
845678LV00004BA/1602

* 9 7 8 2 3 2 9 6 2 5 8 5 0 *